AF275617

PARA FRANZ. POEMAS A KAFKA

Marusela Morajudo

COLECCIÓN ITES

PARA FRANZ. POEMAS A KAFKA

© María Isabel Morajudo Manzanet
© de esta edición: Olé Libros, 2024

ISBN: 978-84-10053-76-2
Depósito legal: V-4325-2024
Impreso en España

No se permite la reproducción total o parcial de este libro, ni su incorporación a un sistema informático, ni su transmisión en cualquier forma o por cualquier medio, sea este electrónico, mecánico, por fotocopia, por grabación u otros métodos, sin el permiso previo y por escrito del editor. La infracción de los derechos mencionados puede ser constitutiva de delito contra la propiedad intelectual (Arts. 270 y siguientes del Código Penal). Las solicitudes para la obtención de dicha autorización total o parcial deben dirigirse a CEDRO (Centro Español de Derechos Reprográficos).

KALOSINI, S. L.
Grupo editorial olélibros
equipo@olelibros.com
www.olelibros.com

*Un libro debe ser el hacha
que rompa el mar helado dentro de nosotros.*

Franz Kafka (1883-1924)

NOTA DE LA AUTORA

A los lectores:

Ya he comentado lo que ocurrió con estos poemas que escribí hace dos décadas y media: olvidados y encerrados en un cajón; pero quiero explicar que, antes de eso, existió la fascinación, la admiración más pura que os podáis imaginar hacia el escritor checo. Os contaré que, aunque con apenas quince años yo ya había leído algunas de sus obras más famosas —*La Metamorfosis* o *El Proceso*—, cuando realmente caló en mí fue cuando llegaron a mis manos, allá por el 78, sus *Diarios*, que, como ya escribí en la contraportada, se convirtieron en mi libro de cabecera y cambiaron para siempre mi percepción del mundo. Fue entonces cuando me acerqué a su personalidad, su carisma, sus amores, sus amigos y familia, la tensa y dura relación con su padre, sus frustraciones, su forma de vivir, todo lo que deseaba poder hacer y le era imposible, sus manías, sus pasiones... En definitiva, todo aquello que trasciende su obra literaria.

Y, después, leí todo lo demás: *Cartas a Milena, Cartas a Felice, Carta al padre, América*... Adivinando mi pasión, mi hermano me regalaba alguna edición nueva, la biografía escrita por Max Brod o algún relato para mí hasta entonces desconocido, como *En la colonia penitenciaria* o *La muralla china*...

Uno debe ser sincero y expresar sus sentimientos, como aquella dama del siglo XVIII a la que alguien le inquirió: «Se dice que conocisteis a Chateaubriand y que cayó a vuestros pies, señora», y ella, con toda naturalidad, respondió: «Oh, no, caballero, estáis mal informado: fui yo quien cayó a los pies de Chateaubriand».

Yo, como aquella dama, también confesé mis sentimientos, pero lo hice ante unas cuartillas en blanco, donde escribí unos poemas, diez en total, que titulé *Para Franz* y en los que vertí mi alma y mi admiración. Por eso, ahora que me he atrevido a desempolvarlos y, aunque no sé si esos pensamientos agolpados, sentidos en lo más profundo, tienen la categoría de poemas, quiero que por un momento os metáis en la piel de una joven que durante toda su adolescencia tuvo en la pared de su cuarto, en lugar de la foto de algún cantante o actor famoso, como sería de esperar, la reproducción en blanco y negro de un joven Kafka, con la cabeza ligeramente inclinada, que la miraba sonriente desde cualquier punto de la habitación. Eso sí, os pido benevolencia: pensad que yo apenas tenía veinte años y no era más que una chica enamorada.

I

Esta sed es la sábana donde me arropo
la cama donde quemo el último suspiro
el hielo por donde resbalo agarrada al
metal de la puerta.anoche la luna había
desaparecido.empezaron a oírse ruidos
en el patio.tuve que deshacerme de
aquello que impedía el movimiento.tuve que
olvidar el patio y tapé mis oídos
con la almohada.me estaba ahogando
y por eso cambié de habitación.oye,
esto no es un juego.recogí todos
los pedazos de papel que había alrededor.
la cama estaba deslizándose hacia abajo.
el techo estaba naranja y violeta.no pude dormir.
ah, sí, me oigo hablar del color verde que
he conocido hace siglos.en sueño había
cinco hadas de cabellos blancos manchados
de nieve bailando sobre espaldas de bronce
y vidrio.yo corría corría corría.era un
séquito que batía sus alas contra el éter.
un lago profundo creí que era un sueño y
me ahogué.me ayudé a salir desde la orilla
con una rama de abedul atada a la cintura
fue inútil. me ahogué.las burbujas subieron
a la superficie mientras yo abría los ojos
chocando de golpe con
la madrugada.

luego, todo se podía aplastar con los dedos
y era bastante aburrido mirar con atención
lo que ocurría.todas las manos estaban
atadas unas a otras.todas sangraban a la
misma altura todas golpeaban con la misma
intensidad.

en el principio fue la fuerza.no había
llegado aún el invierno y miradas azules
rasgando la atmósfera.dios estaba dándome
la espalda cuando quise contarle lo más
importante.luego reconvinimos en olvidar
lo pasado y adán escaló a una cumbre desde
donde quería ver el mundo.bien bien.no
voy a desesperarme por una
tontería.sabré callar.

2

Dios omnipotente una escena de cámara
de risas y dulzura.ruido de noria
era cautivador.te vi en el cielo utilizando
una luna pointue como columpio.ambos
deseamos tener un gato.sus ojos profundos
iluminan la noche.pisamos la arena con
cuidado meticuloso.trueno voz en
amarillo nocturno pálido.estábamos
siendo felices estábamos contra la
pared absoluta del día.se acerca.me
tiende una línea de estupor blanco.
chocamos con la tela de araña de
muchedumbre absorta.chocamos de
frente zum-zum dulce de vino y
dulce de boca protegida.caemos
como dos plumas zigzagueantes
a la luz de una vela.caemos en
tejido redondo suave arriba arriba
en punto de.bajo nácar de techo
recuerdo de planeta de procedencia
llega.estalla como pompa de jabón
levanta la mirada sílex el cobre
de la silla destella en la oscuridad
arranco cerebro despiadado en la
penumbra.bajé.(durante toda la noche
mantuvo un brazo alrededor de mi cuello. la

carne era caliente y suave. suave —dije— me
recuerda la piel de una fruta recién cogida
—dije— dejó que me tapara con la sábana.
apagó la vela de un soplido. volvió a
besarme. me dormí.)
mañana en tela rectangular el espejo
pómulos bultos recientes escarlata
paso tras paso uno a uno
recoge sin fuerza fuerza de ansiedad
fuerza de sueño fuerza de ser
ambivalente. (despertó y volvió a saludarme.
salté a la vida real por encima. cogí
despacio todas las ropas. el cansancio nos
estaba haciendo prisioneros. besé una
mejilla húmeda y hundida. atraje hacia mí el
metal de la ventana. volví a casa.)

3

Pasan las luces por encima
árboles caminando a lo largo de la carretera.
tropiezo entre las hileras de metal.
derecha izquierda reinventando la
nueva escapatoria.anoche
bajé al infierno de las aceras negras.
las aceras negras de alquitrán.
ambarino alquitrán de miel.habían crecido
plantas carnívoras de raíz bulbar a ambos lados.
los extremos de piedra se tocaban
formaban una fusión absoluta
en el centro.
cópula hambrienta al acecho de
cuerpos vacíos
ilimitados
partículas de polvo de humana silueta.
el infierno es blanco
como la cera de unas manos sin mácula.
es blanco y de su techo
penden agujas de hielo
hielo abrasador que se hunde en la carne.
el infierno es oscuro
hay que abrir los ojos hasta el dolor
y, aun así, tropiezas y caes
y la esponja del suelo contusiona
tus sienes aturdidas

y lleva un sueño largo y profundo
a tu cabeza
y chupa de ti
hasta que se arruga la piel
y desaparece la sangre.
rastros.despojos de animales
atropellados en la carretera
ánimas revoloteando como mosquitos.
las luces pasan por encima
fogonazos destellantes
amarilla fulguración
acoplándose al iris negro de unos ojos
cerrados.
los ojos se desintegran
se hunden.
vacío tras una masa de cal
redonda y áspera.
(pasaba un gato negro.él lo quiso coger para llevárselo a casa.el
gato era chiquitito.era del tamaño de una rata de agua. la noche
estaba espesa y tersa como la piel turgente de una manzana.él
salió del coche.corrió hacia arriba.gato, gatito, gritaba.luego
regresó y se lamentó unos segundos.puso sus manos al volante.
arrancó.)
el infierno es sórdido
como un desierto vacío y dorado.
planicie multiforme
dunas platino dunas
replegándose a lo largo de la pendiente
dunas taponando la salida al exterior.

no hay exterior
como tampoco hay sangre derramada
por las paredes
ni cuerpos yacentes doloridos pétreos.
son figuraciones paseándose hacia arriba
fantasmas sometidos al silencio de
las rocas.
(él pidió una cerveza a gritos. salió del bar y caminó despacio. su
coche estaba aparcado a pocos metros de él. debajo del coche había
un charco ocre por donde navegaban sanguijuelas rojas. se sentó
y estiró las piernas. después dio una ojeada alrededor e inclinó
su cabeza. pensó en la libertad y en la montaña. cerró los ojos.
se durmió.)

4

Kafka camina por las calles parisinas.

Pasea casi desnudo como es su costumbre.

París le está ofreciendo su belleza.

El Sena se mueve más lentamente,
porque ha reconocido al joven Franz
observándole apoyado en la baranda.

Nadie más lo sabe.
Sus ojos de locura
le han ayudado a estar solo.

Y solo, como está, contempla las palomas
y sonríe,
sonríe mientras la aguja de Notre-Dame
escribe sobre el cielo poesías metálicas.

Los hombres de trajes grises
y mirada perfecta
le asustan.

Las mujeres de pálida sonrisa
y manos como nácar
le aturden.

El Sena le canta una canción
plateada
y Kafka sonríe,
sonríe y pasea
y siente en sus delgados tobillos
la espesa niebla del otoño.

Está contento.
La cámara le sigue los pasos hasta Pigalle.

Moulin Rouge.

Las calles son de mazapán
y las casas de escarcha.

Las prostitutas se arremolinan en las
bocacalles.

suenan los viejos pianos escondidos
entre las medias luces.

Una le guiña un ojo.
el rubor del joven Franz
se pierde en la noche.

La joven le echa mano.

Él no puede hablar.
su boca se ha encajado de lleno
mediatizada por el deseo.

Sus tobillos están ahora más fríos
que nunca
pero su interior está caliente caliente
concentrado en el centro,
formando una espiral de rígido acero.

(Después escribirá en su diario
«tonalidad rosada. París y una mujer».)

5

En la noche un destello frío atado de
pies y manos.baldosas relucientes.el
camino era el mismo y pertenecía a la
misma época de escalofrío.me dejé llevar.
los dedos de mis pies estaban tiritando.
resultaba reconfortante la figura geométrica
envuelta en blanco y azul bajo
la luna circular.estaba/me replegaba
en la vergüenza cuando me atravesaron sus
dedos vidrio opaco
—quiero escapar de los susurros
—no tengas miedo
—tengo miedo
pájaro roth descargando su ira contra
mí.sentía su aleteo de corcho en
mis oídos y su pico balancearse en mis
costillas.por un minuto la presencia de
mil cuerpos.lautrec arrojaba destellos-
saetas desde su podredumbre silenciosa.
pasolini seguía los pasos de hermes bajo
la pálida tela.kafka observaba desde una
cumbre su travesía profética.yo estaba
allí hambre tangencial de cuerpo vivo
tiritando como los dedos de mis pies
pendiente de una corona de oro a punto de
caer sobre mi cabeza.

—no quiero pertenecer a la mentira
—no tengas miedo
—tengo miedo
levanté los huesos descalcificados lívidos
tras una ventana hermética humeante y
cálida.

rey de aguja estaba de pie frente a mí fundido
en una nube de ensoñación dorada mirando las
células germinales del amanecer.el primer
plano de unas manos de cera acariciando las
sábanas.vuelta al principio recomienzo relato
historia desacoplada extendiéndose por
las venas arriba arriba dirección vertical.el
tiempo utilizado desmaterializado incógnito zum-
zum como disparos de bala con silenciador.intenté
respirar el primer rayo de sol.miedo escarchado
recorriendo mis vértebras terrones de diamante
tras espalda transparente.la gran apariencia
violeta del muro.

6

Estaba viviendo una mañana de esponja
bajo el sol. hace mucho
que la luna se ha apagado. nadie podía
impedirme. el canto de un gitano surge
desde el más bajo latido de guitarra
entre su vientre negro. K. y los lamas
y todo un séquito de belleza palmoteando
la sal líquida. eran las cinco. hermana
digería la ensoñación de júpiter
el insomnio reaparece.venas saltando en
la oscuridad nada y el brillo de la piel
húmeda y frágil hasta el insomnio de nuevo
estómago vacío. droga-sal entra a gotas en
los poros diamantando el atardecer.
piel mojada en crema de noche. heracles
fundator dominator. un sello de metal en
las esquinas de la calle. estación-espera.
estaba ahuyentando al espíritu maligno
luctuoso cuando hermana habla de impotencia
ante el bienestar de zeus.afrodita-herma
llora sobre sus rodillas un gemido sordo
invertebrado que se aleja de mi
capacidad (cogí el dinero del armario con
la propia desgana de la separación. comía
cuando recordé nuestro planeta inexplorado
con su capa de azúcar negra en superficie.
no quise ver a nadie ni luchar para nada.

en el caso de
haber estado sola
habría desaparecido en altamar).
herma succiona víctima en estrecho
cuadrilátero. la hora llega. la hora
definitiva.escribo sobre la inmensa
playa que se extiende junto a mí. ella
también lo haría si pudiera.me pregunta
por mi sed ávida de. no digo nada.está
ansiosa por recordar las lágrimas que
anoche la inundaron. eran mías. nadie podía
hacerlas suyas. excepto yo. después
se cayeron sus pendientes de perla se
desesperó y cayó al agua como una sirena antigua
y desconocida. había dejado de haber enigmas.
herma empieza a existir.

7

Leo la existencia de
espíritu maligno.preguntas sobre una
horizontal realizadas en la esquina
de Ojo humano.dos piernas y dos
brazos largos de lava candente.
bajaré. a cada minuto sangre de
rememoración fílmica en blanco
mágico. no no. está entrándote el
corcho por las orejas cuando me
decido a gritarte más que hasta
ahora. no estoy siendo feliz.rubio
de platino ha llegado a esta hora
estelar. estela estelar. no tiene
ánimos para dejar de mirar fijamente
todo lo que no ve. pasa bajo el sol
tapándose la boca. permanezco en
silencio hasta la madrugada, dos
minutos más tarde de ver los cabellos
chamuscados frente a mí. Ánima. estoy
volando. realizando el enorme esfuerzo
de la levitación cuando espíritu
maligno cae sobre el cráter.
he manchado las sábanas por su culpa.
está negándome el derecho a
recoger los cristales rotos del suelo.
quiere llenarme de odio las cuencas
de los ojos y me ha tirado de rodillas.

estoy de rodillas. estoy succionando un
sorbete de sal mística. exhala con la
misma propiedad de la carne disuelta.
tengo miedo de sentirle sudar sobre mí.
está aplicando el oscuro castigo del te ·
quiero. está solucionando mi/la agonía
con un certero golpe de mano.no soy
feliz porque no llega el final escénico
del fracaso por donde espíritu maligno
se levanta y me obliga.
reparación no es su cometido.reparación...

8

Quiero ser una bocanada de humo extendiéndose en
el vacío de la noche. quiero devolverte un
mundo de espuma que creaste para mí. estoy fatigada.
anoche las fuerzas de contención se tambalearon.
todas las noches. on parle. se habla de un siroco
proveniente del sahara. el calor nos asedia
a todos poseemos una envoltura compacta de fuego.
deseamos lluvia.
estás queriendo poner las cartas
boca arriba.
voy a tu encuentro.
el sigilo de tu voz es más fuerte
que el siroco. pero tú eres valiente.
el mundo no puede nada contra ti. el
deseo no puede contra ti
mientras (yo) recito versos pegados al paladar como
miel rectilínea. curvilínea. miel adosada
a los dientes. la boca hermética.
vamos a llegar frente a tu rostro
sonriente. plexus. la impaciencia
me llena las venas como una corriente
eléctrica. gravito. estoy mirando
de lejos la necesidad de reintegrarme estoy
tocando con las yemas de los dedos
las últimas palabras articuladas. soi
sage. versión íntegra plástica. armónica.
soi sage. desde lejos, la luz. la luz de cera de

toulouse lautrec. no. salto a la concomitancia de
lo imposible. reloj desposeedor. reloj-
mentira tiempo-mentira-silencio-gravedad-
duda-duda-duda. suena a cascabel
metálico atado a las sienes. suena a
jugo de significado lento. a no
pronunciación. a no. acaso es nada. nada nuestra.
acaso necesariamente nuestro cristalizado
empujado al vacío de
nuestro alrededor. je serai. je
serai. être sage.

9

Un atardecer de guirnaldas luminosas. no
había inundaciones a la izquierda ni a la
derecha. el centro gravitatorio de la oscuridad.
sus ojos hundidos aparecían detrás de cada
canción. saltamos por la calle como dos
espíritus blancos selenitas. no comprendía
la magia de las horas descompuestas. varias
clases de blancura heterogénea. hablaba de
lunas deshechas bajo cielo de siglos perdidos
perdidos recuperados con la suavidad de
la piel. verano. olor de bronce aleación estelar
entre las calles tortuosas árboles y yerba
armonía. labios sin límite. me soltó de la mano y me
perdí entre una multitud de sangre y cieno.
él estaba allí triunfando sobre una cima dorada
y espumosa. nitidez. refugio cueva refugio palpando
la sombra de un murciélago guardián.

10

Para Franz

Cuando conocí el mar pensé que estuvo
cerca durante mi nacimiento.después
descubrí una mirada de cobre y
también deseé que fuera mi origen.

sentí volcanes de bruma arrojándose
sobre mi pecho mientras la alcoba y
su lámpara de aceite me
envolvían.estoy sola.miro el cristal
de la botella que me araña
con furia que me atrapa
entre sus paredes.que me encierra.mi
cuerpo es el líquido aprisionado en el
cristal.el molde de la desesperanza.

tal vez me estés escuchando.en tu foto
tienes los cabellos erectos como
puntas de lanza.tu voz es clara y purpúrea.un
ensueño de almendra y de fresa alrededor
de tu frente.estás apoyado en una pared en
la ciudad de Praga.

sereno.

absorto.

quiero llegar hasta esa esquina y ver
la ropa que te has puesto los zapatos que
te has calzado hoy el aroma del jabón con
el que has lavado tus manos.me miras con un mar
profundo de profundo misterio en los ojos.me
llevas al fondo de tu no clarividencia.azul
celeste ambigüedad en el gris plata de tus
pálidas uñas.azul celeste y la brisa de la calle
bañada en otoño luz marrón cayendo sobre ti
con mirada de gato acechante en la
oscuridad.notas que va transcurriendo el tiempo
impreciso con la calle desierta cetrina con
líneas blancas y rojas desbordando la acera
vertiéndose en la atmósfera verde
del verano.azul de noche cerrada prieta sobre
tu pelo erecto.he visto tus manos agujas fundiéndose
en la niebla escribiendo en el aire hacia
la luna durmiendo la frialdad de sordas
habitaciones que no han sido hechas para ti como
no fueron hechos los insomnios de calma de
angustia recelo hilvanado a lo largo de tu
pecho y me muevo lentamente sorbiendo la savia
de tus pasos como sangre resbaladiza en la hoja
afilada sangre que llueve a torrentes saltando
sobre azoteas silenciosas.granizo coagulado
deslizándose.¡oh! háblame de tu sueño en blanco
de tu pesar más vivo de tus muros infranqueables
mientras permanece la tempestad tras
la ventana

y se enfría la tierra.

sé que con tu voz habrá suficiente.

Marusela Morajudo - Junio 1980

ÍNDICE